Inhalt

Arbeiten im Ausland - Ein Karrierek(n)ick?

Kernthesen

Beitrag

Fallbeispiele

Weiterführende Literatur

Impressum

Arbeiten im Ausland - Ein Karrierek(n)ick?

M.Reiner

Kernthesen

- Laut neuesten Erkenntnissen können nur die wenigsten Mitarbeiter, die für ihr Unternehmen ins Ausland gegangen sind, ihre dort erworbenen Fähigkeiten und Kenntnisse im Heimatunternehmen umsetzen. Meistens fehlt eine entsprechende Stelle und der erwartete Karriereschub bleibt aus. (2), (3)
- Innerhalb von 12 Monaten nach der Rückkehr kündigt ein Großteil der Expatriates und den Unternehmen geht wertvolles Know-how verloren.(2), (4)
- Um sicher zu stellen, dass sich ein Auslandeinsatz für beiden Seiten lohnt,

müssen vorab vertraglich alle relevanten Punkte abgeklärt und die Motivation und Jobperspektiven für die Zeit nach der Rückkehr definiert werden. (1), (2), (7)

Beitrag

Viele Angestellte sehen einen Einsatz im Ausland als Sprungbrett für ihre Karriere. Doch nicht selten erwartet so manchen nach der Rückkehr die große Enttäuschung: Während die Daheimgebliebenen wichtige Posten übernommen haben, ist für den Expatriat keine entsprechende Stelle verfügbar. Das traurige Resultat: Der Auslandseinsatz wird zum Karriereknick anstatt zum Karrierekick. (1)

Irrtum Auslandseinsatz

Wenn es um den Einsatz von Mitarbeitern im Ausland geht, versuchen die meisten Unternehmen Kräfte vor Ort zu rekrutieren, um Kosten zu sparen. Doch spätestens auf Fachkräfte- und Managementebene greifen die Firmen auf ihre eigenen Mitarbeiter aus dem heimischen Mutterhaus zurück, die dessen Image und Philosophie im Ausland vertreten. Wie nun eine internationale Umfrage der

Wirtschaftsprüfung- und Beratungsgesellschaft PricewaterhouseCoopers ergab, zahlen sich Auslandsentsendungen jedoch häufig weder für die Unternehmen noch für die Mitarbeiter aus: Bis zu 25 Prozent der Expatriates verlassen innerhalb von 12 Monaten nach ihrer Rückkehr das Unternehmen. Der Grund: Die Firmen schätzen die Erwartungen ihrer Mitarbeiter falsch ein. Während sich die Angestellten einen Karriereschub erhoffen, motivieren die Arbeitgeber vor allem über finanzielle Angebote.

Wie sich in der Umfrage herausstellte, kann nicht einmal die Hälfte der befragten Arbeitnehmer die neu erworbenen Kenntnisse im Unternehmen umsetzen. Nur ein Drittel der Expatriates wurde befördert, 10 Prozent wurden sogar herabgestuft. Die Konsequenz: Arbeitnehmer sind enttäuscht und die Unternehmen verlieren wichtige Wissensträger, in die sie teuer investiert haben. Folgen, die durchaus hätten vermieden werden können.

Standpunkte klären

Mitarbeiter und Vorgesetzte sollten vor dem Einsatz im Ausland die gegenseitigen Erwartungen und Motive klären. Denn nicht immer schicken Arbeitgeber ihre Mitarbeiter ins Ausland, um sie als

Führungskräfte zu fördern. Anstatt Wunschkandidaten zu schicken, die z.B. durch Kleinkinder an die Heimat gebunden sind, werden oft junge, mobile Fachkräfte entsandt, für die jedoch keine höher gestellte Position nach der Rückkehr vorgesehen ist. (2), (3)

Vertragsgestaltung

Vor der Entsendung sollten unbedingt die Einzelheiten des Auslandseinsatzes vertraglich geklärt werden, um Missverständnisse zu vermeiden. Wichtige Bestandteile sind z.B.:
-Zuständigkeit: entweder der bestehende Vertrag wird hinsichtlich Arbeitsort, Vergütung etc. ergänzt. In diesem Fall wird deutsches Recht angewandt, was in den meisten Fällen bevorzugt wird. Oder der bestehende Arbeitsvertrag kommt zum Ruhen. Für diese Zeit wird mit der ausländischen Tochter oder Niederlassung nach ausländischem Recht ein Vertrag geschlossen.
-Dauer: die Dauer des Einsatzes sollte vorab geklärt werden. Experten sind der Meinung, dass ein Auslandsaufenthalt 3 Jahre nicht überschreiten sollte, sonst bestände die Gefahr, den Anschluss und Kontakte im Heimatland zu verlieren. Eine zeitliche Flexibilität von Mitarbeitern ist für die Firmen vor

allem bei Projektarbeiten wichtig und sollte ebenfalls geregelt werden. (7)

-Vergütung: Auslandszulagen, Erschwerniszulagen oder Funktionszulagen sowie Abschlussprämien, Auslösungen u.a. Vergütungssysteme können bei Auslandseinsätzen zum Tragen kommen und sollten je nach Anforderung geklärt werden. (1)

-Unterkunft: In der Regel erhalten die Mitarbeiter die Kosten für Hotelunterkunft erstattet, bis der Mitarbeiter eine Wohnung gefunden hat. Für Firmen, die laufend Mitarbeiter ins Ausland entsenden, lohnt sich eine firmeneigene Wohnung, um so Maklerkosten, Renovierungen und Einrichtungskosten zu sparen. (1)

-Bindungs- und Kostenklauseln: Dient der Auslandsaufenthalt der Generierung von Know-how, sollte das Unternehmen sicherstellen, dass der Mitarbeiter nach der Rückkehr nicht zur Konkurrenz abspringt. (7)

-Betriebszugehörigkeit: Zu klären ist, inwieweit ein Auslandsaufenthalt zur Betriebszugehörigkeit angerechnet wird und wie die betrieblichen Altersvorsorge gehandhabt wird. (7)

Vorbereitungsseminare

Interkulturelle Vorbereitungsseminare und

Sprachkurse erleichtern dem Entsandten die Integration im Ausland und dem ausländischen Firmensitz. (2) Doch es gibt auch Situationen, auf die man nur schwer vorbereiten kann: Überfälle im Ausland sind keine Seltenheit. Etwa 250 Mal im Jahr werden deutsche Geschäftsleute im Ausland in Gewaltakte verwickelt. Ein Thema, dass in deutschen Firmen nur unzureichend behandelt wird. Dabei gibt es speziell dafür eingerichtete Sicherheitsfirmen, die über die Gefahrenlage in den jeweiligen Ländern aufklären und die Mitarbeiter auf ihre Entsendung ins Ausland vorbereiten. (6)

Reintegration

25 Prozent der von PricewaterhouseCoopers befragten Arbeitnehmer bemängelten eine unzureichende Wiedereingliederung in das Unternehmen. Laut Handelsblatt verfügen über 70 Prozent der Unternehmen nicht über entsprechende Programme. Experten raten, bereits ein Jahr vor der Rückkehr über die Position zu sprechen, die später bekleidet werden soll. Im Idealfall wird ein langfristiger Entwicklungsplan erarbeitet. (2), (3)

Motivation

Laut einer Befragung des Handelsblatts wollen im Jahr 2006 die Unternehmen verstärkt ihre Mitarbeiter ins Ausland schicken. Doch alle Mitarbeiter sind bereit, ohne weiteres ihren Arbeitsplatz ins Ausland zu verlegen. Firmen, die die notwendigen Voraussetzungen schaffen wollen, sollten wissen, ob der Kandidat finanzielle Anreize bevorzugt oder es ihm um Karriereziele geht. In diesem Fall sollten klare Jobperspektiven definiert werden. (3)

Kontakt zum Unternehmen

Für die Dauer des Aufenthaltes sollte in der Mutterfirma ein Mentor berufen werden, der den Mitarbeiter während seiner Abwesenheit betreut. Auch regelmäßige persönliche Gespräche sind angeraten, damit der Kontakt gehalten wird und der Mitarbeiter über Entwicklungen in der Firma unterrichtet bleibt. (3)

Familie

Ein Auslandeinsatz ist häufig eine schwere Belastungsprobe für die Familie des Entsandten. Kommt der Partner mit ins Ausland, muss er in vielen Fällen seinen Job aufgeben. Bleibt er daheim, leidet die Beziehung unter der Entfernung. In beiden Fällen sollten Arbeitgeber diese Belastungen zu mindern versuchen. Dies kann z.B. in Form von organisierten Treffen von Partnern der Angestellten stattfinden oder durch eine Reisekostenerstattung für Familienbesuche. (1), (5)

Fallbeispiele

Die Studie Understanding and Avoiding Barriers to International Mobility der Wirtschaftsprüfungs- und Beratungsgesellschaft PricewaterhouseCoopers hat neuste Erkenntnisse zum Einsatz von Mitarbeitern im Ausland ergeben: Es stellte sich heraus, dass sich Auslandseinsätze von Mitarbeitern häufig weder für das Unternehmen noch für den Angestellten lohnen. 75 Prozent der Befragten gaben an, die Wiedereingliederung in die Heimatfirma sei unzureichend. Bis zu 25 Prozent der Rückkehrer verlassen innerhalb von 12 Monaten das Unternehmen. In der Hälfte der Fälle beklagen sich die Mitarbeiter, ihre erworbenen Kenntnisse nicht im Unternehmen einsetzen zu können. Fazit: Ein Auslandsaufenthalt bringt den Wenigsten den erhofften Karriereschub. (3), (4)

Der Autokonzern Volkswagen hat für seine Expatriates eine eigene Abteilung gegründet, die sich ausschließlich um die Belange von Mitarbeitern im Ausland kümmert. 1 600 Angestellte arbeiten derzeit für den Hersteller im Ausland, 1 000 längerfristig. Im Durchschnitt schickt Volkswagen jährlich 250 Leute für ca. drei Jahre weg. Zu den Programmen zählen u.a. interkulturelle Vorbereitungsseminare, Sprachkurse, Familienangebote sowie Wiedereingliederungsprogramme für die Rückkehrer. (2)

Immer weniger Uniabsolventen sind bereit, für deutsche Firmen ins Ausland zu gehen. Dies belegt eine Studie unter 13.000 Uniabgängern, die jährlich vom Berliner Trendence Institut durchgeführt wird. Zu ähnlichen Ergebnissen gelangen auch andere Befragungen, die herausgefunden haben, dass das Ausland als Arbeitsort zunehmend an Bedeutung bei der Wahl des Arbeitgebers verliert. Hingegen werden flexible Arbeitszeiten, ein kooperativer Führungsstil und Work-Life-Balance immer wichtiger.

Über rechtliche Fragen bei Auslandseinsätzen können

sich Interessierte bei der Informationsstelle für Auslandstätige und Auswanderer beim Bundesverwaltungsamt unter: www.bva.bund.de/aufgaben/auswanderung informieren. Infos zu kulturellen Fragen liefert der Business Culture Guide (www.executiveplanet.com). (2)

Ausführliche Informationen zu den verschiedenen Arten von Auslandseinsätzen, von der Abordnung bis zur Versetzung, mit Tipps zu Versicherungen, Vergütung, Unterkunft etc. liefert Gerrit Horstmeier in seinem Beitrag Entsendung von Mitarbeitern in das europäische Ausland in Heft 6/2005 der europablätter. (1)

Um bereits junge Arbeitskräfte international zu schulen, schickt der Automobilkonzern BMW jedes Jahr bis zu 15 Auszubildende zu einem Austausch ins Ausland. Voraussetzung ist das Mindestalter von 18 Jahren sowie überdurchschnittliche Leistungen in Berufsschule und Betrieb. Um die kulturellen Feinheiten zu erlernen, wohnen die Azubis bei einer Gastfamilie und nehmen an Sprachkursen teil. Fast 40 Prozent der Rückkehrer erwägen, sich nach der Ausbildung für einen Auslandseinsatz zu bewerben. (8)

Im Interview mit Corinne Weißbach spricht Michael

Tiefenbacher über seine Erfahrungen im Ausland und gibt Tipps, worauf man bei der Entsendung achten sollte. (5)

250 Geschäftsleute werden jedes Jahr Opfer von Gewalttaten im Ausland. Eine Tatsache, die von deutschen Unternehmen meist ignoriert wird. Dabei könnten viele solcher Vorfälle durch gezielte Maßnahmen verhindert werden: Speziell dafür eingerichtete Sicherheitsfirmen bieten Schulungen, die die Mitarbeiter auf die spezifischen Tücken im Land hinweisen, auf Gefahrenzonen aufmerksam machen und über die politische Lage im Land informieren. (6)

Weiterführende Literatur

(1) Entsendung von Mitarbeitern in das europäische Ausland
aus europa-blätter, Heft 6/2005, S. 199-204

(2) Irgendwie fremd // Nicht jeder Auslandsposten bringt die Karriere voran. Wie man nach der Rückkehr Anschluss findet
aus Der Tagesspiegel Nr. 19007 VOM 06.11.2005 SEITE K01

(3) Mentoren suchen Auslandseinsatz
aus Capital vom 22.12.2005, Seite 71

(4) O.V., Auslandsaufenthalt wird mit Karriereknick bestraft, Financial Times Deutschland vom 14.12.2005, Seite ENEP21
aus Capital vom 22.12.2005, Seite 71

(5) Kulturelle Erfahrung ist eine Karrierechance »Vor allem darf man nicht ungeduldig sein!«
aus Markt und Technik, Heft 40/2005, S. 52

(6) Geschäfte in der Gefahrenzone
aus Süddeutsche Zeitung, 14.01.2006, Ausgabe Deutschland, S. V1/13

(7) Firmen müssen Auslandseinsätze von Mitarbeitern gut vorbereiten
aus Handelsblatt Nr. 197 vom 12.10.05 Seite 41

(8) Konkurrenzfähig für ganz Europa
aus Personalmagazin, Heft 11/2005, S. 70

Impressum

Arbeiten im Ausland - Ein Karrierek(n)ick?

Bibliografische Information der deutschen Nationalbibliothek

Die Deutsche Nationalbibliothek verzeichnet diese Publikation in der deutschen Nationalbibliografie; detaillierte bibliografische Daten sind im Internet über http://dnb.d-nb.de abrufbar.

ISBN: 978-3-7379-0900-6

© 2015 GBI-Genios Deutsche Wirtschaftsdatenbank GmbH, Freischützstraße 96, 81927 München, www.genios.de

Alle Rechte vorbehalten. Dieses Werk ist einschließlich aller seiner Teile – z.B. Texte, Tabellen und Grafiken - urheberrechtlich geschützt. Jede Verwertung außerhalb der Grenzen des Urheberrechtsgesetzes bedarf der vorherigen Zustimmung des Verlags. Dies gilt insbesondere auch für auszugsweise Nachdrucke, fotomechanische Vervielfältigungen (Fotokopie/Mikroskopie), Übersetzungen, Auswertungen durch Datenbanken oder ähnliche Einrichtungen und die Einspeicherung und Verarbeitung in elektronischen Systemen.